AF236284

Mein Traum trägt deine Herbstaugen

von

Nepomuk Ullmann

STERNEN BLICK e.V.

Bibliografische Information der Deutschen Nationalbibliothek:
Die Deutsche Nationalbibliothek verzeichnet diese Publikation in der Deutschen Nationalbibliografie; detaillierte bibliografische Daten sind im Internet über http://dnb.d-nb.de abrufbar.

Copyright © 2020

Autor: Nepomuk Ullmann

herausgegeben von

www.sternenblick.org

kontakt@sternenblick.org

Buchsatz & Covergestaltung: Stephanie Mattner

Coverfoto: © Christine Sponchia – pixabay.com

Grafiken im Buch: © BilberryCreate

Herstellung und Verlag:

BoD – Books on Demand, Norderstedt

ISBN: 978-3-75264-264-3

für madeleine
als dank für die ehrliche
freundschaft

wer liebt
hat niemals
leere hände

erwachen

sich wiederfinden
neben dir im schatten
zwischen schlaf
und morgen

du öffnest
die arme
blicke wehen
uns ins
gesicht

deine lippen
leicht geöffnet
warten
auf ihren kuss

beim aufstehen
reiben wir uns
letzte traumreste
der nacht
aus den augen

alle tage

alle tage bist du in meinem licht vorhanden
als zarte frau kommst du als eine seerose herbei
du bist viel mehr als lippen und brüste
denn anders bist du als alle
und deshalb liebe ich dich
lass dich von mir auf das bett in zärtlichkeit legen
dann schreibe ich dir mit buchstaben der wärme
nachrichten auf den nackten leib
du erinnerst mich daran
dass du wirklich existierst
der wind schlägt gegen das fenster
vor dem der regen sich entblößt
streichelnd geht die zeit
über deine weiße haut
als frau gabst du meinem alter die kraft
du bist bei mir
also fliehst du nicht vor mir
mit orgasmen antwortest du mir zitternd
schmiegst dich an mich
als hättest du angst
ein leichtes zwinkern kam
über deine schönen augen bis hin zu mir
du bist es
die mich mit ihren brüsten

so reich beschenkt
ich liebe dich
und mein begehren beißt deinen erdbeermund
längst hast du dich an mich gewöhnt
an mein hungriges herz und meine wilde seele
selbst meinen namen meidest du nicht
wenn du nach mir rufst
auf deinen brüsten erwachten die morgensterne
und meine hände falteten dein geschlecht
meine worte drangen in dich
wie ein warmer regen
zum ersten mal liebte ich in dieser art
jetzt bist du mit mir verwandt
und ich möchte mit dir machen
was jeder frühling mit der natur macht

zum abschied

vor zwei zarten brüsten
geht die nacht ruhelos vor anker
fast blinde augen
graben dem tod einen weg
schau nur
selbst die sterne weinen licht
trauer vor dem sterben
ergibt keinen sinn
liebesspiele verschweigen die nacht
zwei herzen beginnen zu kreiseln
als mädchen habe ich dich getroffen
als frau bist du jetzt die meine
im wirbelsturm der gefühle
rast mein herz ohne ende
kreuz und quer
träume grüßen die zeit
zerstreuen das sterben
entwurzelte bäume
nehmen deine gestalt an
du bist eine weiße lilie
inmitten von einem großen feuer
auf mich aber wartet ein weg
wo nicht mehr gelächelt wird
gewitter berühren die hinterbliebenen
es ist nicht der tod
nicht der winter
es bleiben deine offenen augen
die durch die morgenröte
der zukunft leuchten

mein herz hat gefallen gefunden

mein herz hat gefallen gefunden
an deinem gesicht
meinen lippen genügt deine brust
der freiheit deiner worte
möchte ich flügel geben
mein mund sucht nach dem himmel
deiner seele
du hast noch so viele illusionen
du hast noch klare tränen
du gräbst durch dein fernsein
einen ganzen horizont um
du bist einmalig und schweigsam
du hast eine stimme
in deinen sehnsüchten
die begehrenswert ist
wenn ich erwache
schläfst du weiter in mir

ach, liebende du

trunken vom honig deiner seele
windest du dich in spiralen meinem herzen zu
als verzweifelter der jahrzehnte
fordert meine liebe ein echo
ich will dich gar nicht besitzen
und doch bist du meine letzte rose
ach, liebende du,
lass mich in deine tiefen augen schauen
dort rüttelt die nacht mit der dunkelheit
dein entblößter sternenleib zeigt alle früchte
in deinen augen flattert das licht
bis in deinen zarten rosenschoß
deine brüste verlangen nach zarten küssen
auf ihnen hat sich der schatten
meiner lippen niedergelassen
ach, liebende du,
hol mich aus meiner einsamkeit
dein bild ist in träumen auf jagd
ich bin der glückliche
dort zwischen deinen schenkeln
und lebe auf in der zeit
ach, liebende du

trunken von deinen küssen

trunken von deinen küssen
lenkst du mich in träume voller rosen
die tage sind dünn geworden
nehmen kurs auf meinen tod
getragen von deiner liebe aber will ich leben
mein herz blankgefegt von gefühlen
bleibt gekleidet von dir
in begehrender leidenschaft
reitend auf den wogen deines leibes
glühe ich dir an den lippen
die so lieblich denen gleichen in deinem schoß
in jeder nacht zittern meine feuchten küsse
hoch aufgeladen durch dich erhitzt
entfalten sich verwegene träume in mir
wie ein bunter schmetterling
für immer an meiner seele verankert
voller tiefozeanischem lebenwillen

versprich mir

versprich mir
dass wir nicht am anfang schon
verloren haben
vom bett aus sah ich feste
eines sonnenuntergangs
unter einem großen regenbogen
manchmal flammten deine brüste
wie ein stück goldener sonne
zwischen meinen händen auf
mein herz immer noch bedrückt
von der traurigkeit meiner vergangenheit
was sprichst du, wenn du bei mir bist
mich überkommt eine ehrliche liebe
egal, ob du bei mir bist oder fern
meine finger spielen in der dämmerung
und streicheln die lippen im schoß
und wie eine abgerissene blüte
rollt sich meine seele zusammen
warum entfernst du dich so oft
und hastest verwischt ins nichts

dein herz, offen - als sehnte es sich

ich weiß noch wie es war
bei unserer ersten begegnung
dein herz, offen — als sehnte es sich
in deinen augen entzündeten flammen der abendröte
die gingen mir bis in die seele in ihrer tiefe
heute mich umarmend, bist du ein sanfter wind
deine stimme manchmal gekämmt —
als ob sie schläft
auf dem scheiterhaufen gesättigter lust
verbrennt mein durst
du starkes rot über meiner tiefe
ich fühle deine hände reisen zu deinem herzen —
heute mein zuhause
sind meine gedanken sämtlich emigriert
und meine feuchten küsse pflügen deinen leib
du bist dieser himmel voller früchte
dein gesicht ist mir ein helles licht
jenseits deiner umarmungen flammen die stunden
fruchtige lippen drängen feucht in deiner tiefe
küssend werfe ich meine netze über deinen körper
in mir brennt letzte einsamkeit
mit den händen streichelst du am saum des turmes
so leben wir außerhalb der finsternis
in deinen augen sehe ich die küste vor dem paradies
die spitzen deiner brüste

spießen die nacht und die ersten sterne auf
und bringen die seele zum funkeln
die lust galoppiert über unsere körper
und verstreut ungestillt die zeit in die nacht

im herzen des winters

im herzen des winters bleibt
die liebe sturmgeladen
wie wolken ziehen die hände
dir reisefiebrig über den leib
zwischen deinen brüsten
sammeln sich die schweißperlen
in einer sprache zwischen wind und schweigen
du hast nach jahrzehnten einsamkeit
meine zerstörte seele aus der bahn geworfen
mit großer wucht der schwerelosigkeit
hast du mich an die scham geführt
dort schmetter ich dir feuchte küsse
bis ins innere
meine worte in ihrer zartheit
drücken an den beeren
dir auf den brüsten – du bist einfach mehr als ich
mein alter schmerz
klettert wie efeu empor an mir
dann holst du mich rein in dieses lustvolle spiel
so erfüllst du alles – alles
als ich dich sah – ende meiner einsamkeit –
war ich gezwungen dir meine liebe zu gestehen
seitdem werfen mich im traum
kormorane in den sand
deine stimme macht mich brünstig
und durstig auf dich

küsse bluten mir von den lippen bis zu dir
also liebe mich und verlass mich nicht
bleibe bei mir – geliebte – muse –
in diesem sturm von angst
jetzt nimmt mein herz die farben deiner liebe an
so hast du nun alles an und in mir besetzt
ich werde dich sanft auf händen
durch die zukunft tragen
bis ins paradies ins wunder des sehens
und der wahrheit

verliebt in dich

verliebt in dich,
in die weißblanken hügel deiner brüste
du gleichst in allem den meeren,
so weit und willig
wie du dich mir hingibst
und ich, mit dem körper des alltäglichen,
durchgrabe dich und lasse die lust entspringen
aus der tiefe der seele
vor dir war ich einsam
und die nächte brachen in mich ein
mit ihren furchtbaren träumen
mit dir fand ich zum überleben,
machte dich zu meiner muse
zu vokabeln in briefen und texten
nun sind die stunden des glücks angebrochen
ich liebe dich
du körper aus roter milch,
du geist voll kraft und zartheit
jetzt darf ich vom becher deines geschlechts kosten
meine augen auf die blüten deines schambergs richten
deine ehrliche stimme
und deine anmut lässt mich leben
meine endlose sehnsucht im durst der liebe
dieser weg ins gewisse lässt mich bestehen
und hat mich aus der ermattung der leiden erlöst
durch dich habe ich die sterbeflammen verlassen dürfen

bin jetzt wie in licht getaucht
die dämmerung die uns umwirbelt
führt uns aus die einsamkeit der toten stunden
neu erfüllt vom feuer des lebens
bleiben wir die erben einer zerstörten welt
die dunklen trauben auf deinen festen brüsten
gluten die wurzeln der nacht,
wachsen aus dem herzen
und kehren nach außen, was sonst verborgen war
so nähre ich mich von dir neu geboren
oh herrliche, unwiderstehliche lebendige schöpfung
du blühst für mich ohne trauer
niedersinkend in deine augen
spielen die lichter
in dir singen die flüsse heißer gefühle
und meine hände flüchten an dir
wie du es möchtest
so zeigst du mir täglich erneut den weg ins paradies
ich sehe mich umgeben von nebel
vor deinem geschlecht
und dein schweigen drängt sich vor bis zu mir
du bist es
mit deinem körper von adern durchschimmert
mein ganzes sehnen ankert mit meinen küssen
nahe dem feuchten
gebeugt in die zärtlichkeit sehe ich dich klar
unter dem großen mund in der tiefe der gegenwart

immer

auf meiner ganzen reise
für den rest meines lebens
wirst du mit mir gehen –
und doch eigene wege finden
auf meiner haut kreisen deine küsse
versengen mir gesicht und leib
hast du mir doch einen feuergürtel
um die hüfte geflochten
meine geliebte und muse
empfängerin meiner liebe
die mit dir ein neues zuhause fand
bleibe ich auf entdeckung zu den inseln
von blut und honig
ich fand dich unter der morgenröte
vorher wusch dir regen das haar
und deine augen zwinkerten „komm"

ich werde uns im bett eine höhle bereiten
werde dich bewirten mit küssen
bis die qual der lust uns zerteilt
und uns glücklich sinken lässt
tiefer friede erfüllt unsere herzen
allein von dem was du geben wirst
in meine hände mit deiner nacktheit
schau mich an in der nacht
in der ich mich ins endlose verliere

aus deinen augen
reichst du mir nacht und meer
wenn wir uns je entfernen
verlassen wir uns doch nicht
mein körper und geist sind dein
du hast mir gegeben und mich erobert
für die kommende zeit
ich bin jetzt der eindringling in deinen leib
und schmecke die früchte des lebens
mit meinen händen streichele ich die blüten
deiner brüste – so wie du es mich gelehrt hast
mir auf dem mund leben deine küsse
und wenn ich sterbe
wird mich nur die erde bedecken
und die große liebe die du bist
und die lange lebte im blut meiner adern

du bist mit mir gegangen
in vielen stunden und allen tagen
und immer noch erwarte ich dich
keine traurigkeit ist fähig uns zu erreichen
denn wir warten aufeinander voller hoffnung
wir haben in die einsamkeit
unsere namen gebrannt
und unsere liebe in regen und feuer erwartet
überall wo das leben ist
unsere liebe ist ein frühlingskind

denke daran dass meine lippen allein sind
und dass sie nach deinen schönen brüsten suchen
die ich so sehr verehre
glaube mir – ich werde dich nie vergessen können
es sei denn – der tod schneidet mich aus meinem leben
dann würde ich zu dir hin verbluten
deine liebe hilft mir die blüten zu öffnen
und mir die großen sterne ins bett zu holen
in einer ganzen nacht

aus liebe gebe ich dir von der abendröte in den schlaf
und schreibe dir in briefen: ich liebe dich
du gibst mir mit vollen händen zärtlichkeiten
du berührst mich und gibst mir kraft
und bei jeder deiner berührungen brenne ich innerlich
wer sind wir aber dass wir derart lieben können?
du allein weißt – wer ich bin
deine schönen großen augen wecken mich
dein mund – deine haut – deine brüste
und deine seele wecken mich täglich neu
meine liebe wartet auf dich
und so ende ich diesen brief
mit deinem namen auf den lippen
und mit küssen die eins sind mit den deinen

liebesgedicht

erinnerst du dich, als wir
einander das erste mal begegneten?
der ganze raum hob uns entgegen
einen pokal voller sympathie
von den wänden die bilder nichtssagender art
blieben sprachlos
und fielen uns unbeachtet vor die füße
mich aber brachten deine augen zum zittern
das schicksal des lebens hatte dich zu mir geweht
ich sah dich gleich und spürte
dass du mir im herzen gingst
bis dein lächeln mich durchbohrte
und die fäden unserer seelen sich vereinten
ein zartes erblühen sprach aus deinem mund
und unter deiner bluse wogten deine brüste
und bemerkten und bewegten gegenwart
die früchte deines herzens erfüllen in klängen
du zündetest nach jahrzehnten licht in mir
erinnerst du dich noch unserer ersten begegnungen
alle farben eines regenbogens sprangen über auf uns
wie schreie des sturmes in einer nacht
das feuer in uns war unser einziger freund
dicht bei ihm leugneten wir noch diese frühe sommerliebe
das feuer erlaubte noch keinen zarten kuss
es sollte dauern bis wir verborgene schätze berührten
ich fühlte mich im schmerz des sterbens

glaubte nicht mehr an besiegbare liebe
erinnerst du dich noch –
wir verschenkten jahre an die schatten
aus denen heute ein schöner traum erwuchs
und ich dir an die nackten brüste kommen durfte
mit diesen zwillingskuppeln offen zu mir
und wie ich in diesem traum gefesselt
und überflutet war
von der feuchte deiner süßen lippen
der herbst verwandelte sich in einen frühling
und dann entluden schmetterlinge
das schwarze blut in mir
eine ganze nacht voller himmel mit dir
ließ mich deine trauben küssen
und schon sprachen selbst die steine unsere namen
unsere küsse schufen inseln aus geheimnissen
in deinem erdbeermund gaben die blumen honig ab
in geheimer stille und in duftenden silben
in mir brannten die pflanzen aus dem paradies
und ich erkannte dich an deinem gesang
als meine große liebe
denn die zeit hat dem meer eine neue insel gegeben
zwischen deinen lippen
öffnete sich die heißhungrige blüte
erkannt in der bewegung des frühlings
so wurde unsere liebe geboren außerhalb des alltags

in vielen einsamen nächten
allein wir wissen
dass unsere zungen sich zusammentaten
denn wir sind wie eine saat in einer erde
dein name aber bleibt in den rosen verborgen
der meine wächst dir am geschlecht
jetzt wissen wir um uns
haben keine geheimnisse mehr voreinander
unsere herzen kennen unsere liebe und unsere küsse
dein mund vereint mit dem meinen
in ewiger liebe umarmen wir uns und tauschen uns
wie konnte ich vorher ahnen wie schön du bist
warum spürte ich nicht dass du mich suchtest
in meiner brust heute biete ich dir den himmel an
unsere liebe gehört der gegenwart,
der ganzen zukunft und allein uns
meine hände streicheln deine zarten brüste
warten auf das geöffnete fenster in deinem schoß
in uns gibt es keine grenzen mehr beim finden
unser feuer ist für immer
unsere liebe ist ein pfeil der uns durchbohrt
ich niste an deinen brüsten und treibe wurzeln
unsere lust ein licht im frost hinter dem feuer
dein gesicht als wollte es von mir erkannt werden
nur mit dir liebste
gelingt es mir zu atmen und zu leben

neues leben I

der geschmack deines mundes
von meinen küssen erforscht
und die zartheit deiner hellen haut
dein mund und deine haut
meine frucht im hohen alter
sag mir, wer hat dich zu mir geschickt
um mir sonne und mond zu erklären
die erde, die zeit und die gegenwart
aus welchen wurzeln wurdest du geboren
um mich zu wecken
und mir liebe zu geben,
die ich vorher nicht kannte?

sag' mir, was passiert ist?
ich weiß es doch nicht
alle meine sinne hast du an dich gezogen
zum licht deines herzens
du bist der duft einer seltenen frucht
die wärme in einer zeit, die mir unbekannt war
du bist die zärtlichkeit in einer klaren nacht
bist grenzenlos in den gefühlen
ach, alles geht von deinen blicken aus zu mir
zu meinem körper, meinem mund und meiner seele
und durch dich tobt in mir ein gewaltiger frühling
durch dich entdecke ich neu, dass ich bin

vor jahren bereits hätte ich fühlen müssen
dass es dich gibt – die frau mit den zarten händen
du hast jetzt das blut in meinen adern
zum singen gebracht
du hast mich meine verletzungen in der kindheit
vergessen lassen – hast mich ins paradies geholt
hast tag für tag deine süße mir
hinter meine spröden lippen gebrannt

in den feuchten weiten deines schoßes
fand ich mich wieder – nichts trennte uns
ich durchschritt mit dir die morgenröte
und damit das leben je näher wir uns kommen
du hast einen himmel in mir entflammt
und hast dich meinen küssen in den weg gestellt
du hast mein blut mit deinem fraulichen feuer angeheizt
und bist dadurch mit dem meinen verschmolzen
du hast mich an deine brüste geholt
und meinen großen hunger auf ein neues leben gestillt

neues leben II

in die nacht mit meinem wilden mädchen
kuss um kuss müssen wir unser leben gemeinsam finden
mit freude und einverständnis geben wir uns hin
und befriedigen die pflanze des lebens uns auf der zunge
du hast deine wurzeln ausgestreckt nach meinem herzen
das so lange auf dich gewartet hat
genau dort vereinen sich die nächte,
die uns glücklich machen
die flammen der liebe werden niemals ruhe geben
und so ergraben meine küsse das licht
— die flammen des lichts werden keine ruhe geben —
am schatz deiner brüste und küssen das leben
die liebe aber liegt umschlossen in unseren herzen:
in diesen umarmungen stillst du meinen großen durst
nicht nur unsere augen haben sich gefunden
unsere liebe hat bis heute nur gewonnen, nichts verloren
lippe an lippe,
ich möchte deinen erdbeermund durchlaufen
so tauschen wir den tod gegen das leben
alles, was ich bis jetzt lernte, kann ich vergessen
in der zärtlichkeit finden wir das überleben
mit aller reinheit erschaffener leidenschaft
ewig wird das feuer brennen
solange unser leben und die liebe dauert

in unseren körpern drängt ebbe und flut
nie werden meine hände satt
deine brüste zu streicheln,
du lässt meine küsse rasen
wehre dich nicht, folge deinen gefühlen
bei allem schutz der liebe bleibt dein leib eine blume
denn du bist es, die mich aus der kindheit holte
die rosa frucht, die ich pflückte und küsste
ließ mich in die tiefe sinken
dein leib zittert, wenn er mich erkennt
und als meine sinne dich entdecken
und in dir ein regen an spermien prasselte
ach, niemals komme ich wieder los von dir
und in meinen worten entfacht sich neues feuer
du meine schöne, schmiege dich an mich
finde dich in diesen zeilen wieder
ich verdanke dir berührungen und lebe gut damit
mit deinem ganzen namen hältst du einzug
in mein leben und atmest in meinem atem

dunkel und zärtlichkeit hast du mir ans herz genäht
denn auch du hast mich erwartet
wo liebe sich geschwisterlich gibt
deine hände berührten mein geschirr
und schlossen offene wunden
meinen durst und hunger stillst du
mit deiner anwesenheit weit über den tag

neues leben III

meine liebe kämpft um dich, zwischen meinem herzen
und deiner ausstrahlung, von mir gibt es nicht mehr
als ich dir bereits gesagt habe
ich spiele auf den weiden deines körpers
seit ich dich erkannt habe von dir gestützt
weder gut noch schlecht, ich bin ein gewöhnlicher mann
mein leben – du kennst es, schrankenlose liebe
zu dir bedeutet leben, das ist gewiss
ich küsse deine augen die voller tränen vor stolz leuchten
während mich unsere liebe zärtlich steinigt
warum aber liebe ich dich?
ich weiß, ich kann keine schönere finden
keine mit mehr tiefe – das verstehst du doch
schau doch, dein kopf ist voller geist
deine brüste so anziehend wie dein gesicht
so mag und liebe ich dich, angezogen und nackt
wie du lächelst, das hat mir gefehlt in diesem leben
du bist das licht, von dem ich nicht weiß wo es herkommt
und von deinem licht möchte ich, dass es leuchtet
ich will keine erklärungen von der nacht
ich möchte, dass du kommst mit aller deiner zärtlichkeit
die du hast, weil ich dich brauche
und du sollst es hier lesen und spüren
bis von deinen zarten lippen küsse für mich abfallen
so stelle ich mir das feuer und das neue leben vor

eine ganze nacht

eine ganze nacht
mit dir schlafen
nahe am herzen
und du
durch lust
und schlaf
wild und lieblich
im wechsel
von feuer und glut

vereint
in unseren träumen
gibt sich
die zärtlichkeit
vom gleichen wind
bewegt

gemeinsame träume
und doch
unterscheiden sich
deine träume
sicher von den
meinen

ich habe bereits
nach dir gesucht

da gab es dich
noch gar nicht

deine augen
suchen in den meinen
nach liebe
und nach dem
leben

ich werde
mit dir schlafen
eine ganze nacht
in der dunkelheit
umfasse ich
deine taille
und brüste

weder die nacht
noch träume
können uns trennen

beim erwachen gibt dein mund
den träumen entkommen
mir den geschmack
vom leben
und schmecke deinen kuss
wie eine neue
morgenröte

dein schoß

dein schoß
ein teil körper:
der in den
himmel führt

du bist es
die mich geholt hat
um mich fortzutragen

nimm mich
in deine arme
für nur eine nacht
damit ich mund
und brüsten
nahe bin

mit meinem mund
auf dem deinen
verbrennt
auf den lippen
die gefesselte seele

bitte rufe
und suche mich
und ich versinke
in deinen
hellen augen
in liebe
nur für
diese eine nacht
. . .

schau, die hände

schau, die hände
sie haben krieg gemacht
und frieden
und fürchten doch
die distanz

es gibt
einen unterschied
zwischen deinen
und den meinen
die wollen nähe
wenn sie streichelnd
über dich hingehen

du musst bestimmen
sonst komme ich
niemals zum ende
wenn sie an
den trauben
auf deinen brüsten
spielen

mein blick
dir in den schoß
gelenkt
kniet vor dem

licht
der lippen
vom erdbeermund

für mich bist du
pures glück
das einlädt
zu einem spiel
so wandere ich
zwischen deinem leib
und deinen augen
mein leben lang

schöne

schöne
die blitze in mir
entspringen
deinem lächeln

du bist
die blüte
des herzens
so sehe ich dich
und deine seele
lässt in mir
den weißen honig
fließen

deine augen
du schöne
strahlen mich an
sehnsucht steht
in deinen augen

meine wünsche
spiegeln sich
in deinen augen
diese spenden
das licht
das die liebe
braucht

deine brüste
ein teil
vom paradies
formen meine
träume
halten mich wach
am tag

deine stimme
schöne
ist mein sein
mein licht
ohne einen schatten

ob du nahe bist
oder fern
immer wirst du
meine schöne
bleiben

eine nacht nur

eine nacht nur
lass meine blicke
über deinen körper
blühen

in diesen stunden
möchte ich
den zaun zu dir
übersteigen
möchte ich
den garten
deines leibes
mit küssen pflügen

eine nacht nur
möchte ich dich
zittern machen
vor lust
und begehren
und deine kleinen
zarten hände
sollen mir
das herzklopfen
stehlen

eine nacht nur
im dunkel
gebe ich dir
von den sternen
die farbe
des frühlings
bis in den leib

an dich

deine augen
haben es mir angetan

dein körper
wie aus weißem marmor
und dann die
nachtrosa trauben
auf deinen brüsten
lassen mich dir
hinterherlaufen

du wunderschöne
zarte frau
lockend
mit wonnegaben
meine zunge
entlief mir
beim küssen
deiner
vollen lippen

mein herz
spuckte blitze
und entlud
meinen leib

allein zu dir
erregt
treibt es mich
die ich fühle

du nahe drängst
in mein herz
meine küsse
du
meine große helle
meine schlanke schöne
gemacht aus gold
und silber
gemacht für meine
arme
gemacht für meine
küsse
wie für
meine seele gemacht

als dank

als dank
du gebende
an dich

ich liebe
dein lächeln
die rosenblüten
auf deinen brüsten

mit dir
bin ich nun neu
auf die welt
gekommen

ich war so müde
vor dir
seit ich die welt
gesehen habe

jetzt steigt mir
dein lächeln
ins herz
und führt mich
durch neue türen

meine liebe
lässt dein lächeln
himmelwärts
steigen

und zum frühjahr
wünsche ich mir
unsere liebe
als eine blüte
in den umarmungen

wenn ich einmal
die augen schließe
gib mir
von deinem licht
mit auf den weg

in mir das gefühl

in mir das gefühl
als mache dir
meine zärtlichkeit
angst

ich hoffe
meine lebendigkeit
stößt dich
nicht ab

ich glaube
und hoffe
ich habe dein herz
erreicht
ich möchte dich
berühren

so verweile ich
zwischen sehnsucht
und träumen

liebe leitet
den fluß
meiner gefühle
und gibt diesen
gestalt und namen

ich trage
meine seele
aus weiter ferne
zu dir

fließende bilder
verursachen
ein warmes wogen
in mir

wenn die zärtlichkeit

wenn die zärtlichkeit
von uns besitz ergreift
wenn wir miteinander
liegen
wie eine landschaft
im winter
dann ist da auch immer
die sehnsucht
mit im spiel

gefühle
sehnen den frühling
herbei

amors pfeile
im schwirrenden flug
auf dem weg
zu dir

lass mich
bei dir sein
nicht nur daneben
du bist es doch
mit der ich
leben möchte

lass uns
aus starrem
winterschlaf
neu erwachen
einer des anderen
bewusst
dann bleibt
nur liebe übrig

die sehnsucht
nach nähe
und ineinandersein
berührt
immer wieder
zu jeder
gelegenheit

weißt du nicht

weißt du nicht
wie einsam ich
unter menschen bin

weißt du nicht
wie mich die
computersachlichkeit
erfrieren lässt

weißt du nicht
wie hungrig ich bin
auf zärtlichkeit
und liebe
nach einem guten
gespräch

das schweigen
in den realitäten
verletzt mich

so bleibe auch ich
in schweigen gehüllt
entziehe mich
dem alltag
fülle die leere

was einst
ziel war
ist nur noch weg

du aber
hast mir
unerwartet schönes
offenbart
so viel freude
bereitet
hast mich
so reich beschenkt

dieses soll bleiben
unser leben
unsere gegenwart
unser sein

der nachklang

der nachklang
deiner stimme
wie ein abendwind
im warmen
sommerregen

gedanken
sind einander
zugetan

nie hätte ich
geglaubt
dass wir so nah
miteinander
ein stück des
weges gehen

dass du mich
einlässt
in dein herz
mich auffängst
und mich trägst
dafür danke
ich dir

wie einen engel
bewahre ich dich
mir im herzen

erkenne in dir
viele sternstunden

auf dem fluß

auf dem fluß
der unsere liebe
trägt
hat die seele
einen langen weg
gemacht
er nahm uns mit
bei sturm
und sonnenschein

er machte uns
wild
und erregte uns
und ließ uns
neue ufer
erkunden
verletzt hat er
uns nie

nie hat er
an kraft verloren
er nährt
unser herz
und holt
die zärtlichkeit
ins boot

frag nicht

frag nicht
warum ich traurig
bin

ich spüre
meine entfernung
zum leben
wo einmal
jugend war
ist heute das alter

wenn man
seinen eigenen körper
nicht wiedererkennt
wenn das fremdsein
wächst
wenn man
in der liebe
nicht mehr
mithalten kann

wie sollte ich
da nicht
traurig sein
wenn du mich liebst
und ich so wenig
nur noch
geben kann

du hast dein feuer

du hast dein feuer
mir in das herz
gesetzt

du gibst
mir warmes licht
verschenkst
deine flammen
an mich

ich liebe es
dein feuer
in mir zu spüren
ungebändigt
und wild

du trägst
mich mit
durch die zeit
die so schnell
zu fuß ist

ich möchte
niemals
deine verzweiflung
sein

ich möchte
dich halten
wenn ich dich
tröste

du hast mir
mut gemacht
und hoffnung
gegeben

ich weiß
wir sind nicht
allein
auf diesem weg
unserem weg
bis zum
wiedersehen

dein bild vor mir

dein bild vor mir
versucht mich festzuhalten
wo immer ich auch bin

in liebe zugetan
trage ich dich
in meinem herzen

verliebt
in den klang
deiner stimme
deiner worte
dem duft deiner haut
zieht es mich
zum duft
deiner brüste

in gedanken
hand in hand
herz an herz
gehen wir gemeinsam

unsere seelen
unauflösbar
miteinander verwoben
wo werden wir uns
im wind der zeiten
wieder begegnen

in der morgendämmerung

in der morgendämmerung
liegst du neben mir
so bekomme ich
eine ahnung
vom frühling

mein blick
auf dich gerichtet
mein herz wird weit
meine seele weich
wenn ich die zarte haut
deiner brüste
deine wohlgeformten lippen
in mich
hineinsauge

bei dem aufschlagen
deiner augen
finden wir uns
nach tiefen träumen
mit einem lächeln
im gesicht

mit aufgehender sonne
beginnen wir den tag
und fühlen uns
beschenkt

im milden licht

im milden licht
des abends
sind wir
in unser spiel
versunken
auf du und du

ich sehe uns
fern von zeit
und raum
entrückt
wie im traum
wächst meine seele
uns in den
augenblick

du bist der sturm
kaum zu begrenzen
in mir spüre ich
man hat dich
vor mir schon verletzt

sanft rolle ich
meine zunge
auf dir aus

schließe dich
in die arme

dann verschenkst du
dich an mich
gibst mir
von deiner
lebensfreude

aus liebe und sein
gehen wir
mit freude
kraft und glück
in die kommende nacht

lange schon

lange schon
war dieses suchen
in mir

wie eine blume
die am
aufbrechen ist

jetzt
habe ich mut
und öffne
mich dir

beglückend

beglückend
sich wieder
zu finden
nachdem man
verloren war

deine liebe
hat im verborgenen
geruht

rings umher
begann
es zu blühen

nimm es an

du scheinst
wie aus liebe
und freuden
gespeist

deine
geschenkte liebe
macht mich reich

liebevoll
hast du mich
angenommen
in deine
gegenwart

ich schwimme
in deinem charme
dabei
fliegen dir
die herzen
hunderter zu

ich möchte
dich begleiten
mit dir gemeinsam
einen weg finden

im herzen
trage ich dich
angekommen
möchte ich dir
dort
ein zuhause geben

meine seele
heißt dich willkommen
ich will dir
geborgenheit geben

ich möchte mit
dir
gemeinsame träume
träumen
lass es uns wagen
liebe zu leben
ich gebe dir
wärme und licht

du bist so
unendlich wertvoll
nimm es an

unser zusammensein

unser zusammensein
hat sich mir
ins herz gelegt

du bist
wie ein wärmender
mantel
an wintertagen

liebe
bringt die seele
zum klingen
freude
macht sich breit

ein blick
in deine augen
immer ein
tiefer augenblick

du hast
mein herz
und meine seele
weit gemacht
fortan begleite
ich dich
in zärtlichkeit

lass dich
in die arme
schließen
geliebte

im lebendigen

im lebendigen
ineinander
trage ich dich
in mir
im herzen

miteinander
machen wir uns
auf den weg
in eine andere welt
fühlen uns geborgen
gehen geschützt
und gestärkt
die nächsten schritte

du bist der reichste
schatz
den diese welt
zu bieten hat
gut nur
dass wir uns nahe
sind

unser beider
herzen
im gleichklang
öffnen die fenster
unserer seelen

liebe
überflutet
uns

unsere zuneigung

wie dankbar
bin ich dir
dass du meinem geist
so nahe bist
dass du im fühlen
dabei bist

manchmal
denken wir
des anderen gedanken

du trägst
mit an meiner last
wie ich
an der deinen
dafür danke ich
dir

bitte
geh nicht fort
ich würde dich
schmerzlich vermissen

unsere zuneigung
umhüllt mich
wie eine schwalbe
die im licht
des himmels
ihre spur zieht

wenn

wenn
wir in gesprächen sind
verliert die zeit
ihre bedeutung

statt stunden
zählen die herzschläge
und die schwingungen
der seele

dieses sanfte
zarte strömen
zwischen uns
tilgt alle schmerzen

lass uns
nicht sparen
mit liebevollen
berührungen
und zärtlichen
gesten

jede liebe
trägt
eigene früchte

allein die liebe
öffnet die türen
ins vertrauen

schweigen aber ist
verweigerung

auf den flügeln

auf den flügeln
ehrlicher liebe
fliege ich dir
entgegen

ich möchte
das schöne
das du bist
mit dir teilen

ich möchte
eintauchen
in die erlebnisse
deiner seele

möchte von
deiner zufriedenheit
und nähe kosten

ich möchte
dir ins herz
wie ein vogel
vom wind getragen

die zeit mit dir

jetzt haben
meine gefühle
eine zuflucht
bei dir gefunden

jetzt merke ich
dass du mich
mit deinen küssen
bereicherst

das macht mir mut
zärtlich zu sein
damit du
dem sturm
und der dunkelheit
trotzt

deine zärtlichen
berührungen
sind sonnenschein

in deinen armen
fühle ich mich
leicht und sicher
wie eine wolke

deine stimme
streichelt mich
mit guten worten

ich bitte dich
lass mich
das schloss öffnen
zu deinem leib
zeig mir den weg
zu deinem herzen

ich möchte mich
einlassen auf dich
wieder und wieder

wenn du mir
nur vertrauen
magst

die zeit mit dir
ist eine
sonnige insel
in den meeren
des alltags

du bist I

du bist es
an der ich mich
festhalten kann
wie an einen anfang

du bist es
an der ich
wachsen kann
du lässt raum
zur entfaltung

du bist es
die mich unterstützt
und weiterwachsen
lässt

du bist es
ohne die ich
nicht mehr
leben würde

was ich heute bin
ist zeuge
einer großen liebe

du bist
heute ein teil
von mir
ohne den ich
nicht mehr
sein möchte

du bist II

du bist
das sonnenlicht
das auf
weiches moos fällt

du bist
die morgendliche
stille
die mich kleidet
und neu macht

du bist der schnee
der auf die lippen
fällt

du bist ein stern
am endlosen himmel
unbewegt
in den nächsten tag
ziehend

du bist
wie ein feuer
du leuchtest
wärmst
wandelst mich

zu einer
stillen glut

du bist
wie der wind
der sanft
über die seele
streicht

du bist
die wiese
die nach frühling
duftet
und auf der ich
sterben möchte

du bist III

du bist
die sonne
die mir zeigt
wie groß das glück
in diesem leben ist

du bist
das positive
auf das ich mich
verlassen kann

du bist der mantel
der sich
um mich legt
wenn ich friere

du bist es
die mir liebe
gibt
und meine gedanken
begleitet

du bist es
die mich zeilen
schreiben lässt

die wie blumen
erblühen

du bist
der warme regen
der mir
zu trinken gibt

es graut mir
schon
vor der trockenheit

ich will nur dich

auf den kissen
zurückgelassen
die tränen

wer liebt
hat niemals
leere hände

in briefen
zeilen
der verwirrten
dinge

in großer
sehnsucht
umklammern
wir uns

manchmal
wie gestern
zum zweiten mal

dem wunder
der liebe
wie einem delphin
die hand
hinhaltend

zeilen der ermutigung

jede nacht
dich umarmend
macht aus mir
einen neuen morgen

es kommt die nacht
da lieben wir uns

es wird
die zärtlichste nacht
unseres lebens

liebe hat
die hoffnung
gerettet

unvergessen
dein gesicht
als du spürtest
du weinst

gefühlen
die in mir
schliefen
hast du ein
wiederkommen
beschehrt

alle sterne
schmücken
in diesem moment
den gleichen himmel

das licht
breitet sich
auf deiner
schönen brust
versöhnt
unsere herzen

du

deine brüste
so süß
duftend nach zukunft

deine brüste
wie geöffnete fenster
lassen den frühling
herein

frühling ist mehr
als eine jahreszeit
in den küssen
verbirgt sich
das morgen

du bist
der himmel
über den dächern

dein körper
ein heim
für obdachlose
seelen

du bist das bleiben
liebe liefert

den zucker
in den beziehungen

du hast ein herz
eine seele
ich habe ein grab
ich brauche dich also
und spreche
in deiner sprache
zu dir

ich habe mir
die jacke deiner liebe
umgehängt
unbekleidet
dagegen du im licht
von deinem lächeln
durchwirkt

dein verdienst

in den träumen
lauter särge
sie künden vom
gelebthaben

noch lebe ich
wenn auch
in aller
zerbrechlichkeit

wir leben
und haben doch
zu lange im grab
eines traumes
gelegen

du weißt
dass der platz
neben dir
niemals leer ist

wenn ich
ans sterben dachte
warst du da
ohne zu stören
und hast

dein gesicht
zur sonne gedreht

mein eigener name
war vergessen
und mir immer
fremd gewesen

dass ich dich liebe
und dass ich bleibe
ist dein verdienst

in den zeilen

in den zeilen
meiner texte
dein name
auf den lippen
mir ist
ganz schwindlig
von dir

kein buchstabe
deines namens
ist entbehrlich
vor dem fenster
ziehen die kraniche

in meinem herzen
ist sturmflut
seit es dich gibt

ich habe
verstanden
dich zu lieben
lass mich ertrinken
in diesen gefühlen

ich muss dich
nicht bitten

wir sind
die anderen

deine beine
sind frühaufsteher
dazwischen
die morgenröte

ich schlafe
behütet
von den tränen
in deinem schutz
steht die zeit
still

ich möchte
den federn
deiner seele
niemals ein leid
zufügen

dein körper
ein bett zur nacht
auf späten füßen
habe ich dich
trotzdem erreicht

zum ende hin I

geschöpfte augenblicke
lassen die schmetterlinge
in uns sterben

liebe und gesicht
lassen uns
durchsichtig erscheinen

im erinnern
hat das vergessen
niemals platz

die wege
die wir gemeinsam
gegangen sind
öffnen den regenbogen

die welt aber
frisch gehäutet
durch kriege
hält alle türen
verschlossen

bescheidenheit
bittet zum ende
des lebens

sämtliche räume
zu schwärzen

alle farben
werden vom tod
fortgewischt
gestern war ich
noch da

die uhren gehen
in die pause
über nacht
unbemerkt
bin ich gegangen

zum ende hin II

getrennt
führt der tod
auf fremde wege

meine hände
die jede nacht
nach den deinen
suchten
bleiben zurück

die zeit leer
die wege zu dir
versperrt

im dunkel
eine lange fahrt
der tränen

bis zuletzt
habe ich
auf dich gewartet

nun ist es
der herbst
der das laub
zittern macht

du aber
wirst leben
in der ferne
und farben
des himmels
bleiben gemalt

kleine glocken
am waldrand
läuten ins aus

zum ende hin III

meine dünne schale
hat nichts genützt
während du bleibst
fliege ich davon

die wege
von dir gegangen
bewegen sich
unter dir

wer nimmt dich
jetzt an die hand
und führt dich

ich weiß nicht
aber eine hälfte
ist für immer
die deine

was nutzt liebe
wenn ich dir
nicht davon
geben darf

unsere gespräche
haben nun
kein gesicht mehr

letzte worte
wie eine geöffnete
frucht
in deinen händen
zurückgelassen

ohne eile

ohne eile
flieht die liebe
bis ins herz

tränen reisen
den träumen nach

die seele häutet
sich
zeigt ihr gesicht

wir hätten
reden sollen
in einer neuen
sprache

nun trägt der wind
das schweigen davon

das haben wir
der natur voraus
wir altern schneller

der tod
steigt die leiter

hoch
es wird dunkel

der winter
löst den herbst ab
der tod kennt
keine wartezeiten

tote brauchen
ihr eigenes klima
wie liebe
das lächeln
des gegenüber

träume
ertrunkener tage
überschwemmen
das grab

flucht in die leichenstarre

auf dem bett liegend
nicht schlafend
nicht lesend
von der tür her
gibt der tod
deutliche zeichen

vor tagen noch
umarmte mich
deine sanfte stimme
da habe ich noch
von deinen küssen
gelebt

so selten
und doch so viel
der druck
der umarmungen

ohne dich
ist atmen unmöglich

worte werden
nicht mehr ausgesprochen
das leben
fliegt vorbei

vor dem fenster
fällt schnee
gedanken gehen
ins ersticken

das blut hört nicht auf
wird schwarz
liebe trifft wie ein
messer
am herzen vorbei

neben dem bett
vergilbt
die patientenverfügung

ich wundere mich

ich wundere mich
im traum
neben dir zu gehen
ohne spuren
zu hinterlassen

mein herz
feiert ein wiedersehen
im garten
der kindheit

ich träumte
du säßest nackt
unter einem apfelbaum
in voller blüte

liebe liegt immer
auf der anderen seite
in den koffern
furchtbare enge

ins fenster
sind rosen gestellt
das blut
verdunstet
im offenen sarg

uhrzeiger
deuten auf nacht
in der du
auf mich wartest

angstträume

blüten
von mir gepreßt
in deinem schoß
verborgen
öffnen sich
und fremdeln

wer zählt
die regentropfen
wer die tränen
meine seele
im dunkel vergessen

kein brief
kommt diesen winter
weil sich die tränen
nicht zählen lassen

schwarze früchte
an den sträuchern
bitten
um einen eigenen
namen

dass du mich
liebst
wurde verschwiegen

vom menschlichsten

alle tage
möchte ich dich
satt machen
und du sollst
nie in sorge
um mich sein

ich möchte
wenn du magst
dir nah sein
bis in die träume

ich weiß keine
die schöner ist
als du
ich lebe so
mit dir
weil ich dich liebe

kein alltag
soll diese liebe
grau machen
wenn wir uns küssen
geben wir schon
viele antworten

du bist
die frucht
am lebensbaum

niemals sollst
du weinen

leg ich den kopf
in deinen schoß
zeigst du mir
das licht
in der nacht

alles hat
mit dir zu tun
alles
dein gesicht
deine brüste

unsere liebe
ist unser zauber
was liebe kann
zeigst du mir

zu viel liebe
geht nur zu zweit
durch unser
aufeinandertreffen erst
wurde liebe möglich

du meinst
du hast mich gefunden
ich bitte dich
höre nicht auf
zu suchen

erkannt

ich habe dich
sofort erkannt

was sonst
ließ mich dir
mein herz öffnen

du kamst
als liebe
so lernte ich
das wort „du"
zu sprechen

nun lass uns
glücklich werden
es ist so einfach
durch dich

du machst
mein leben möglich
bis meine stunde
kommt

meine seele
macht
aus mir einen menschen

nun darf ich lieben
weil man mich liebt

ich auf erden
und im all
mein geist

meine seele
macht mich überflüssig
es fehlt an nichts
wenn ich
dereinst fehle

mir

mir haben es
verlorene lieben
schwer gemacht

du aber hast
mich
ins freie getragen

du gibst mehr
als nur einen halt
du nimmst
den schmerz
der seele ab

nimm dir zeit
für dich
je mehr zeit
hast du für mich

dafür
dass ich ein mann bin
möchte ich mich
nicht entschuldigen
müssen

ich sagte dir:
ich liebe dich!
jetzt willst du wissen
warum?

ich musste dich
finden
es war so

ach
ich habe dich
so viel zu fragen

deine schönheit
ist für mich
ein viel zu großes
glück

ich möchte dir ans herz
still und die ganze zeit
diese schweigsamkeit
hat eigene wünsche

noch längst kein lebewohl

noch längst kein
lebewohl
trotz der schmerzen

angekommen
in der liebe
erfahre ich
bisher nicht gekanntes
glück

ich weiß nun wieder
dass ich leben will

in jedem
lächeln von dir
sehe ich mich
im spiegel

geliebte
du bist die tür
zurück in die welt
auf die dunklen wege
strahlt nun die sonne

wir teilen
unendlichkeit

ich weiß
du läufst kilometer
um zu helfen

ich bewege mich
in lust auf dich zu

dein mund ist warm
wie leben
dein körper
bringt mich
um den schlaf

wir leben

wir leben
von den zärtlichkeiten
zwischen uns

ich schreib dir briefe
ich wäre deine hände
du bringst mir
die benötigte brille

nur so bringen wir
licht in unsere herzen

deine augen bitten
um einen kuss
meinen augen
erlaubst du anzufassen

vor meinen händen
am körper
willst du dich schützen

aber nur ebenbürtiges
verlangen
produziert liebe
und würde

es ist wahr
ich brauche dich
um mich für
andere einzusetzen
auch
wenn ich unnütz bin

mein herz hat die
flügel verloren
weil ich dir
nicht fortfliegen möchte
wir haben füreinander
nie eine leere gefühlt

jetzt ist es zeit
dass wir uns finden
bis ins älter werden

so und nicht anders

was mir
unter deinem blick
geschieht
ist einmalig

ich sitze neben dir
und wir halten uns
bei den händen

obwohl bekleidet
weiß ich
dass deine brüste
schmiegsam sind

und wenn du
mir an der seite bist
spüre ich dich so
als wolltest du mich

ich möchte dich
streicheln
ohne scham
ich fühle dich
und weiß

dass ich lebe
und deshalb
liebe ich dich

ich möchte wieder
zwischen deine arme
auch wach träume
ich von dir

durchs fenster kommt
die sonne aus der nacht
ich liebe dich
ich bin erwacht

du bist das ufer

du bist das ufer
an dem ich sicher bin

unsere liebe ist zu haus
im herzen

zum mond
schauen wir beide
wie in einen spiegel

in den nächten
wenn ich einsam liege
schau ich den wegen
der sehnsucht hinterher

weil wir uns
erkennen wollten
sind wir uns
so nah gekommen
was wir so gewannen
waren neue erfahrungen

dass wir uns
nicht trennen

liegt daran
dass wir ehrlich sind

so schön du bist
du gibst
das gefühl von glück

dein körper
entzündet mein fleisch
so bist du
ein mensch – eine frau
für die ewigkeit

forderungen stellst du
nur an dich selbst
ich frage mich ernsthaft:
wer also bist du?

zärtlichkeiten

das schönste
an den zärtlichkeiten ist
sie machen uns reich

auch wer zärtlichkeiten
nimmt – gibt

zärtlichkeiten
machen den menschen groß
der ursprung
liegt tief in den träumen

zärtlichkeiten
dieses entgegenwachsen
lässt die hoffnung
atem holen

zärtlichkeiten zeigen
wie und wer
wir sind

die kraft
zu zärtlichkeiten
schafft
neue welten

ohne zärtlichkeiten
bleiben wir
vom leben betrogen

ich weiß es

als dein duft
bis zu mir drang
plagten mich die schatten
der vergangenheit

im herzen
mit den alten narben
hast du mich geweckt

du hast deine hand
mir auf die brust
gelegt
und mich von den ketten
meiner seele befreit

wie angenehm
als mensch
geliebt zu werden
dir die eigene seele
aufzuschließen

im schoß
blühte dir längst
das paradies
liebe entwickelt sich

unser ziel fortan
gemeinsamkeit
in deiner wildnis
verblutet mein verstand
gefühle werden
ausgesprochen

so groß
kann das universum
nicht sein
dass wir uns
nicht wiederfinden

solange du lächelst
finde ich dich

schwerer abschied

meine schwäche
gibt mir den vorteil
wo ich doch weiß
du bist nicht
zu besiegen

in meinem kopf
trage ich dich fort
in eine nacht
allein für uns

deine augen
erzählten mir
die träume von liebe
seit diesem abend
will ich
nicht mehr fort

nun gehöre ich
dir ganz
wenn auch auf zeit
meine seele hat
aufgehört zu bluten

wenn du mich dann
ins klinikbett

verabschiedest
habe ich angst
dir weh zu tun

ich weiß
auch ohne mich
gäbe es dich
du bist die brücke
in den himmel

unsere küsse
über die haut gestreut
was wäre es gewesen
ohne dich

deine stimme
ein silberner kelch
meine klang
wie stahlwolle
und doch blieb
nichts ungesagt

du kannst jetzt aufhören
zu weinen

ich pflücke dir
das lächeln aus dem schoß
liebe grübelt mir
im herzen

gefühle verführen das handeln
es muss ja auch
ein leben vor dem tod geben

über der liebe
schwebt die schöpfung
geht frei den weg

frau, ich erzähle dir wohin sich
zu wandern lohnt
heimgekommen möchte ich bleiben

meine um dich gelegten arme
suchen und finden
du hast so viel licht
in der stimme

worüber wollen wir reden
nächtelang
das leben endet immer
mit einer niederlage

briefe haben ihre
anschrift gefunden
du kannst jetzt aufhören
zu weinen

denke daran
  dich gibt es nur einmal

als ich dich sah
hatte ich dich
bereits erkannt
in deinen augen
so viele fragen
an die vergangenheit

im stacheldraht
hingen vergangene lieben
deine sehnsucht
kurz vor dem verrecken
deine hoffnungen
grob zertreten
deine zärtlichkeiten
heruntergebrannt
mehr existierend
als lebend
in welchen ruinen
hast du dein herz
begraben

und dann kamst du
aus der dunkelheit
direkt auf mich zu
monatelang habe ich

auf den ersten kuss
warten müssen
was trug dich zu mir
— so nah?
wofür bist du bereit?

in deinen armen
meine vergangenheit
hast du gelöscht
wohin wirst du gehen
mit mir?
was wird geschehen
wenn du es zulässt
dass ich dich anfasse?

in einen wald
am see
möchte ich dich
ins gras legen
wenn dein mund
nach erdbeeren schmeckt

wie haben wir uns
gefunden? oder gewusst wo?
ich bin nicht deine

erste liebe
sieh mich an
geh niemals fort
ich möchte dich umfassen
in all der dunkelheit
heute

wenn ich nicht mehr bin
geh sorgsam mit dir um
lass dich nicht
verbrauchen
du bist kein produkt

du bist so wichtig
für diese welt
gib dir selber
die antworten
die nötig sind
gib acht auf dich

denke daran
dich gibt es nur einmal

bis zukunft endet

durch dich bin ich
ans ufer
neuen lebens gespült

du hast mich entführt
in die wirklichkeit
bitte mich nicht
zu schwimmen
im meer ohne hoffnung

eine neue wahrheit
kleidet meine seele
und doch weiß ich noch nicht
welches ufer mich erwartet

lauf nicht wieder fort
wir müssen doch nur
aufeinander zugehen

gib dem kind meines ich
seine chance
damit ich dir folgen kann

vor lauter von-dir-träumen
bleibt mir von dir
schattenlos ein sonniges leben

ich bin durch zeiten geschritten
gejagt aber aufrecht
jetzt erst lebe ich frei
und lobe die blüte
deines honigs

ernte mit mir
was durch dich heute
schöner ist

als lebender
liebe ich weiter
und gebe von meinem atem
dir in die seele

indessen:
die zeit startet
dem tod entgegen
bald kommt es
aufs loslassen an

letzte mitteilung

dein körper
im duft
der liebe
in den traum
gepreßt
liegt im gras

dieser traum trägt
deine herbstaugen
die nacht ist kalt
und löscht mit regen

traumtränen
treten salz
in die beete
fremde flüsse
binden das salz

die sonne baut
brücken
unterm regenbogen
das glück ist
ohne fahrzeug
unterwegs

ich habe immer
an den falschen orten
auf dich gewartet
wolken tragen
blumen an der brust

es hilft nicht
ein herz
in den sand
zu zeichnen

die spuren der toten
bleiben uns fremd
worte treiben
losgelöst
und werden getragen
du musst nur bleiben

die worte
in den briefen
an dich
bleiben als
treibende blätter
auf dem wasser
zurück

Über den Autor

Nepomuk Ullmann ist einer der produktivsten Lyriker der Neuzeit. Über 40.000 Texte sind seiner Schreibmaschine bisher entsprungen. Der 1943 in Bremen geborene Dichter sicherte sich nach dem Handelsabitur mit zahlreichen Aushilfsstellen das Überleben, bis er sich schließlich hauptberuflich als Autor etablierte. Seit 1968 wohnt er in Berlin und leitet dort bereits seit fast 50 Jahren die „Kreuzberger Literaturwerkstatt".

In verschiedenen Verlagen publizierte Nepomuk Ullmann über 50 Bücher, die sich im Kern mit dem zentralen Lebensthema: „Liebe" auseinandersetzen – die sinnliche Liebe zwischen zwei Individuen, die unerfüllte, schmerzhafte Liebe und vor allem aber die Liebe als Heilmittel einer zerrütteten Welt.

Bei „SternenBlick" sind von ihm bisher erschienen: „Verletzt atmen die Nächte", „Ohne Liebe ist das Leben ein Irrtum" und – in Kooperation mit der Künstlerin Katharina Schur – „Reflexionen". Daneben ist er auch in verschiedenen Anthologien des Vereins vertreten.

Inhaltsverzeichnis